저녁 굶은 별들이 뒤란에 내려앉고

저녁 굶은 별들이 뒤란에 내려앉고

김수시 시집

문학의전당

自序

너누룩하다
잠만 자는 거니?
매일 밤 꿈속에서
죽은 시어詩語들이
머리맡을 뒹군다

만지면 푹 꺼지는
쭉정이는 가라
어서어서
순도 100도의 비등점에 닿아
한 생명 낳아야지
싶은데

天地에
고이는 동종銅鍾 소리처럼
아프게 스미는 그 결처럼
차오르거라
가까이 더 가까이
개밥바라기 별빛으로
차오르거라,
詩魂이여.

2010년 6월
김수지

차례

1부 풍경소리
–종잇장 같은 몸을 뒤채이며

2부 강화 외포리에서
-바람은 능글맞게 시치미를 떼고

3부 초여름 비

–쓴 오이꼭지처럼 속 타는 오후

4부 합장
–제 안에 먼지 뒤집어쓰고 산다고

1부

풍경소리

—종잇장 같은 몸을 뒤채이며

잊으려 하는

사람들과 섞여 있거나
티브이를 보다가도
소리 내어 함박웃음 짓는
클라이맥스 즈음,
그 행간을 비집고 피어나는
닭벼슬 붉은
꽃송이

일상의 가지 끝에
눈시린 푸른 울음
자꾸만 싱싱한 잎을 단다

언제고
끄달려 올라와
툭, 터지고 마는
아 아,
도져버린
바보리즘

풍경소리

어느 곳으로부터
물살을 타고 헤엄쳐온 것인지
종鐘지기로 온 지 수 년
본래 잠이 없는 녀석인데
아무래도 눈을 뜨고 잠을 자는가보다
베란다 천정에 매달려 미동도 않는 물고기
그러면 되느냐고
젖은 빨래 널다가, 마른 옷가지를 걷다가
머리를 쿡 쥐어박으면
종잇장 같은 몸을 뒤채이며 우는 녀석

바람만 뒹구는
나의 처마 네 귀퉁이에도
네가 튕겨주는 맑은 소리가
거꾸로 매달려서 지나간 그늘을
말아 올리고

잘박하게 밥물을 붓듯,
갈피 갈피마다
네 울림을 안치고

아침을 짓는다

갈증

간밤
천지간 차오르는 장맛비
에스프레소 진한 커피를 마시듯
여기저기서
벌컥대는 소리

서른 즈음을 적시고 마흔을 흘러
지천명의 들창 안으로 들이치는 비
단내 진동하는 시간들
이 비 긋고 가면
쩍쩍 갈라지던 마른 가슴
다물 수 있을까

위胃 속을 투시했다

최첨단 의료기기로 촬영한
레드 홀
위 벽은 마닐마닐하게 얇아져 있고
수축이 골고루 진행 되어, 그냥 무니만 고운 꽃밭이란다
재생불가 판정,
의기소침해버린 위,
어떤 자부심을 불어 넣어 줄까

푸른 배추통 같은 삼십대
숨이 팔팔한 솔기 헤집고
굵고 짠 번뇌의 알갱이를 척척 뿌려댔는데,
젊은 남편의 손에
고드름칼이 쥐어질 때마다
가계家計는 예리하게 바닥이 나고, 그렇게
사십 대 중반까지도 열을 올렸으니,

철이 들기는커녕
철분 결핍의 도가니
붉게 데인 꽃잎
안으로 잦아든다

가을 논

벼 베고 난 끄틀 위로
어린 죽순 같은 빗줄기
하염없이 내려서 돋아나고
그런
논바닥을 박차고 떠오르는 한 무리의 새 떼들
눈물이 번진
하늘 어딘가로 사라지고
날갯죽지 파르르 떨며 지나간 자리
간간이
젖은 깃
내게로 지고 있다

이제 그를 거를 수 없다

그를 안 만나는 대신
찰진 습관 하나 늘었다
배가 고프지 않아도
배가 고프단 생각 안 들어도
벌써 밥을 먹고 있다
진력은 나지 않는다
바람 든 무 속처럼
허기만 부를 뿐

물 만 밥 후루룩 넘긴다
목 언저리 저려온다
뭉툭한 아픔 하나가
기둥처럼 일어선 것이다

끼니를 거르면
걸린다
이제
그를 거를 수 없다

후유증

지난 가을

빈 동공만 열린 가슴

거짓말처럼
자다가도 도질
신경통

차라리
무방비책을 걸어 놓는다

겨울은
데인 채로 건너가고
…….

습자지 같은 물안개를 떠들고
어린 봄이
눈을 뜨고 있다

개여뀌싹 소복이 돋아나고

앙알대는 아지랑이
노오랗게 붐비면
스멀스멀 피어나는
그리움이
한 시루

유배

남해바다를 향해
삼천포행 우등을 탄다
소화되지 않은 시간의 간극을 비집고
낯선 풍경들
여름의 두렁을 타넘는다
쑤셔 박혔던 메마른 그늘이
술렁이고
견고하기만 했던 미움의 알갱이들
와글와글 쏟아지는

조개의 뱃속이 되어 꾸륵꾸륵
굴욕을 게워냈다
새벽 창으로 들이치는 눈물 같은 햇살에
밥이라도 말아 먹고 싶게
헛헛해진

저 멀리
수련처럼 떠서 자라나는 여러 척의 배들
어미 뱃속의 태아였다
곧 출항을 꿈꾸는 저 태아들에게

세상 안팎의 안부도 묻고 싶었지만
입을 꾹 다문다

순항할지, 난항할지는

체지방

절대 귀하신 부피로 몸 구석구석을
차지하고 느긋하기가 밤 낮 없는 그놈
빠른 걸음으로 혹은, 뛰어서 한 시간여
몸 후끈 달아오르면
밀가루반죽 같은 부피를 녹여 수분인 척
빠져 나오는

섭씨 70도 황토방 안에서 찜질을 한다
땀샘은 열려서 물길을 터주는데
안차고 다라진 그놈
끄덕도 않는다
굳은 의지로 또아리를 틀고 앉아서
싱거운 물만 내보낸다

허구한 날
책상머리에 앉아
맹물만 짜내는 나
눌어붙어 고집값하는 그놈

시詩, 허탕이다!

겨울 끝자락을 달린다

왕소금 허옇게 절어서
버케가 앉은 두 가슴끼리
바다로 향한다
버석거리는 그 결정체는
바닷물에 놓아 주자고

부드럽게 녹아서
응어리 같은 거 짜디짜게 명치 끝에
살아 남지 말라고

바다를 돌아 나오는 길
새 살을 밀어올리는 풋내가
언덕을 넘어 온다
청보리싹의 해일,
봄바다가 따라온 것인가

내일을 꿈꿀 수 있는
푸른 물 그렁그렁 고인다
남편과 나의 바닥에도

고로쇠나무

현관문 밀고 들어오시는
갈대꽃 같은 아버지

도둑골이며 봉바골, 명태골, 계별명당
숱-해 오르내리시며
독새풀 우거진 비알밭 아래
젊디젊은 당신의 시간
봉분을 쌓고도 남았는데

저문 江 하나를 건너 오셔서는
오래된 약속처럼 우물 하나 내미신다
허룩하게 쿠렁한 옆구리에
가득 고인 심연
출렁이고,
거름망에 내린 맑은 말씀 한 잔
넘치게 따라주신다
벌써 두 잔째,
향기롭다

내가 고작

당신께 드리는 건
떫은 맛 채 가시지 않은
술 두어 잔

눈 시린 하늘을 이고

누가
저리 세공을 해 놓았는가

섣달 열여드레 밤*
보름달 갸우뚱 기울 즈음
눈시린 하늘을 이고 서 계신
나무 한 그루

뚱뚱거미
알에서 부화한 제 새끼들에게
다 빨린 채 숨을 놓듯
육덕진 몸 구석구석 파먹힌,
바람 불 때마다 빈혈을 앓는 나무

핏기 가신 生 어지러워
불거진 모세혈관,
잔가지들 흔들고 계신
어머니

*음력, 어머니의 생신

아버지

오빠와 내가 머리를 맞대고 공부를 한다
오빠의 산수를 가르치신다
매번 분모와 분자를 헷갈려 하는 오빠
고개를 주억거리는 그림자 둘
덩달아 직수굿하고
첫 영성체를 위해 기도문을 외운다
오빠가 걸려 넘어지던 기도 문구는
내 탓이오 내 탓이오 내 큰 탓이로소이다 를
내 탓이오 내 탓이오 내 큰 탓이오로다 로

"따라 해 보거라."
"저 건너 콩깍지가 깐 콩깍지냐 안 깐 콩깍지냐."
"저 건너 콩깍지가 깐 콩캉안콩깍 지이이냐아……."

등잔 속 기름 쫄고
불꽃 잦아든다

뒤란

어머니
화덕 위에 소당*을 건다
들지름을 두르고
누르미를 부치는 동안
버짐 핀 햇살들 오글오글 모여들어
소란을 피운다

어머니
화덕 위에 양은 솥을 건다
애호박을 볶아내고 가지를 볶고
감자를 쪄낸다
마른 아카시아나무 가지가 타닥타닥 탁,
소리를 지르는 저녁

아버지
샘가로 오신다
젖은 풀냄새 한 짐
꼴지게 속에서 꺼내온 개구리참외
한 소쿠리 씻겨지면 어느새
이마 훤한 달덩이가 따라오고

여기저기 하나 둘
저녁 굵은 별들이
뒤란에 내려앉는다

*소당 : 무쇠 솥뚜껑(경기, 충청도 방언)

아버지와 소

죽산 닷새장 쇠전으로 끌려 나가는 황소
큰 놈 개비하고 사들인 어린 중 소
겨우내 쌀겨 넣어 푹푹 끓인 여물죽 먹고
엉치살 오르면
헛간 바람벽에 걸린
바퀴 없는 통나무 달구지를
끌어내리시는 아버지
와 끙게다!
아부지, 우리 끙게 타는 거야?
오오냐.
달력을 넘기지 않아도
마당가에 털썩 내려앉는
봄
녀석의 꽁무니엔 계집에 둘 셋이 포개앉아
매달려간다
지지미 블라우스처럼
깔깔한 초삼월 바람 불고
동구洞口를 넘어 신작로행 몇 바퀴 돈다
녀석의 근력에 미소 짓는 아버지
들들 갈리는 흙길 위에서

엉덩이가 들썩춤을 추어도
좋은

언덕보다
먼저 올라오는
아지랑이들
하루살이 떼처럼 아우성 치고
투명 불꽃 춤 추었지

예닐곱 살 계집애

동어리 냇가변
밭두둑 위에 새초롬히 앉아 노는 아이
뿌럭지 뻗어나간 바랭이풀 캐내시는
어머니의 호멩이소리 버걱버걱,
간간이 돌부리를 건드려 귀가 재겹고
누구네 밭에선 희고 둥근 파꽃이
머리통을 보풀보풀 키워갔지
노릇하게 자글대는 햇살이
눈을 찔러 고개를 떨굴 즈음
멧종다리 튕겨오르며 허공을 쪼으고
흰 꼬리 길게 늘이우고 제트기 사라질 때
아스라하게 점묘點描로 떨어지던
그 소리,
외로움이 뭔지 모르던
예닐곱 살 계집애는
그냥 슬펐지

기억의 벽에 내걸리는
먹먹한 그림 한 장,
종다리가 울고
비행기가 날고

2부

강화 외포리에서

—바람은 능글맞게 시치미를 떼고

강화 외포리에서

건너편 석모도쯤
멀리 혹은 가깝게
산 능선들이 굵은 주름을 접었다 펴며 유영을 한다
大漁들은 비늘을 털며 물굽이를 일으키고
낮은 포구에 살 찐 갈매기들이 밀물의 잔주름을 쏠고 있다
포구가 바라보이는 어떤 식당칸에 앉아
따뜻한 사람과 마주 앉아
안개꽃 같은 고독을 마알간 소주에 타 마신다
안주 대신 창밖 풍경 몇 점 끌어온다
물 좋은 쓸쓸함이 물컹 씹힌다
어디서부터일까
뭉클뭉클 흘러 오고 흘러 가는
저 푸른 용암의 바다
바람은
능글맞게 시치미를 떼고
정오의 포구를 산책한다

마니산을 오르다

정수사 앞마당을 지나 대웅전에 든다
늘 여여하게 앉아 계신 어른께
반 배拜, 삼 배, 반 배를 올린다
헐거워진 생각 하나 들고
가파른 산벽을 오른다
숨이 턱에 받힐 만큼 다다르면
가슴을 턱 열어주는 하늘
사람들은 집채만 한 바위들이 길을 내고
있다고도 한다
언제부턴지 나이가 가늠이 가지 않는 늙은 龍이
참성단을 향해 등허리를 대고 있다
거뭇하게 화석이 된 등,
이제부터
굽은 능선을 따라 용의 등을 타고 간다
시공을 넘나들며 바람이 불고
백발의 단군할아버지
천신제를 막 올리려는 찰나,
늙은 용은 등허리를 낮추어
사람들을 구분 없이 내려놓고
조복을 한다

무람없이 참성단 언저리를
배회하는 사람들
태고적 기운을 저마다
한 모금씩 마시고 있다

견고한 골체는 아름답다

카보디아에서 본 방목한 소들처럼
견고한 골체는 아름답다
11월에 옷을 벗어 던진 나무들
발갛게 언 몸을
깊고 푸른 심연에 담그고
찔레향 같은 미소를 캐내네
늑골 저 깊숙이에 다다르고서야
밤의 살 속에 박히어 영롱하게 명멸하는
별빛과 조우를 하지
너와 나는
불이不二
뫼비우스의 띠를 밟고
연질의 우주 안
그 원형 속으로 들어가
하나가 되네

겨울바다

밤새
비린 몸을 뒤척이다가
새하얀 날갯죽지 늘어뜨리고
얼어버린 것들

그 속엔
차마 보낼 수 없는 눈물 몇 과가
영롱하게 눈을 뜨고 있었지

바람이
부서져 가루만 날리는 하늘
새처럼
수평의 끝을 날고
망막한 눈빛 하나 걸어 놓고
일어서려는데
듬성듬성 물이랑을 꿰매고 있는
갈매기들
싱그럽다,
그날처럼

용문사龍門寺

오랫동안 그곳에 살았을
몸통 굵은
붉은 소나무

천 근 근심 등에 얹고
산 오르는 사람들을
용문 안으로 밀어
올린다

죽으면 신 벗는 사람들
영혼의 어깻죽지 혹은,
옆구리 근처
날개 비슷한 움이라도
돋을까

도량 위 허공이 무량하고
대웅전 그 아래
교외별전教外別傳에 들어 계신
老 거사 한 분*
천 년이

바로 지금,
눈앞이라 하시네

*수령 천 년이 넘은 은행나무

폭설

하늘 체는 넓기도 하지
떡가루 솔솔 내리네
하늘 솥은 크기도 하지
꼬박 사나흘 지은
수북이 쌓인 흰쌀밥

21세기의 하늘 아래
지구상 어느 모퉁이에선
아이들 배고파서 울고 있다는데
울 기력도 없다는데
아이들 줄줄이 낳느라
막대같이 느른해진 여자들
눈물조차 말라버린
아프리카 오지 사람들

입 큰 새 삽 깨끗이 닦아서
저 흰쌀밥 푹푹 퍼담아 식기 전에
그들 앞에 가져 갔으면
김 피어오르는 뜨끈한 떡시루
부리나케 쪄다 날랐으면,

오병이어五餠二魚의 기적으로

다만

메뉴만 바꾸어

알람브라궁전*

중세 이슬람문화,
오래전에 두고 간
그들의 꽃송이 위로
눈물 같은 봄빛이
박제를 풀며 미소 짓는다

왕의 여름 별궁
헤네랄리페 정원에 든다
나스르왕조의 가슴을 적시던
오아시스 흐르고
꽃대처럼 분수 솟네
안티프라민연고를 바른 듯
싸하게 스미는 그늘
숲바람이
청량한

*스페인 남쪽 그라나다 시에 있음

실내골프장

숭숭 뚫린 마음을
알아 차렸는지

나이샷!을 외치거나 말거나
구름을 낚는 건
세월을 한 번 낚아보자는 심사

걸리지 않는 걸 알면서도
슬며시 온몸을 열어놓고 대시하는
이 시대의 로맨스가이
세월은 이따금씩
일상의 피로 풀며, 쉬며 총총이
그물을 빠져 나가는데
내 맘 언저리
영성한 그물집 한 채 들어섰네

감기 몸살

무슨 자격으로?

평생을 함께할
사람 따로 있다는데

억지로 드러눕혀
뒹굴자는 건가

내리 며칠을
꼼짝 마라,
그의 완력에 사로잡히고 말았네

겨울 산

온몸이 성한 데가 없는 노환의 나무들
뼛속은 벌집처럼 바람이 들고
척추가 휜 주검들
말라 비틀린 북어 몸뚱이처럼
빼드러져 널려 있다
그 시체들 살 썩어 간다
흥건한 시즙屍汁
벌써 산을 적시고 간 지 오래다
주검으로 누워 있는 피 식은 살붙이 대신
사방공사하듯 어린 손주놈들
졸망졸망 줄 세워야 하는 게 아닌가

가까운 하늘이 푸른 필름을 갖다 댄다
잠깐, 들숨 후에 날숨은 멈추시라!
엑스레이사진 한 컷 찍힌다
물러난 잇몸 속의 젖니 같은 한숨이
눈물겹다

에미

시무룩한 큰 아이
낯빛을 살피다가
작은 놈의 무표정도 거슬려서
남편의 지친 어깨로 흘러내리는
시린 등까지 훑는다
불현듯
그들을 불러 세우고 속 시원히
캐볼까 하다가
뒤돌아서서
고작 밥상을 본다
무시 때보다 간절함 몇 큰술 더 집어 넣고
곤소금 좀더 넣은
간간함으로.
등 뒤에 꽂히는
날이 뭉툭한 눈초리?
그건 너무 원시적이지
않느냐고

밥이 최고인겨,
밥이…….

어머니, 할머니인지
분간이 안 가게 듣던 말
소리 없이
밥상을 차리는
소 같은 여자,
원기를 제조하는 여자

이장移葬

충남 해미
6월의 허리께, 묵정밭이 환하다
희디흰 망초꽃 지천으로 피어서
바람결에 흔들린다
당도하기 전부터 나와계신 시아버님
당신의 덩굴손들 여기 다 모였지요
만삼 캐듯
밑둥부터 조심조심 들어낸다
여러 해 보시布施만 하셨는지
더 없이 가벼워진 몸
당신에 대한 추억 펼쳐들고
편편히 도려내고
깁고 꿰메어
조금은 넉넉하게
옷 입혀 드린다

새 집자리로 가는 길
망초꽃 흐드러져 잘 익어간다
쌀독 안을 그득 채운다
방금 지어 고슬한 쌀밥

아예 고봉으로 내놓으시며
“밥은 먹고들 온 게냐?”
“사람은 원체 밥을 잘 먹어야 하는 벱여.”

당신을 모셔 놓고 내려오다가
하늘 한 번 올려다본다
아버님,
거기선 하루 약주 몇 잔 드세요?
막걸리 빛깔은 좋으세요?

공원묘지

유명브랜드 L마트가 들어섰다
주차장으로 들어가는 입구 측면이
절개지가 되어
별안간, 누워 있는 이들이
아슬하게 서 있다
별들이 돋고
까무룩이 질 때까지
벼랑 위에서 토막잠을 자는 이들

지금이 어느 땐데 누워 있느냐,고
수직의 군단이 몰려온다
그렇게 길게 자리보존하고 누워 있으면
돈은 언제 벌겠느냐,고
허공을 날마다 기어오르는
건축물들

남겨진 뫼등 위로
그늘이 한 짐
눈처럼 새하얀 산벚꽃나무
조등弔燈을 켜 든다
밤새

로또복권

벼락 맞고 싶다
한 줄에 천 원, 자동으로 인쇄된
중구난방 숫자를 받아드는 순간
옆구리 쥐어박힌 것처럼
억, 억, 금액은 금세 분열을 일으킨다
머릿속 과부하로
받침 'ㄱ' 이 덜렁거린다
어, 어, 어…….
날 새는 줄 모르고
두 눈 멀쩡히 뜨고 꾸는 꿈
숫자 여섯 칸을 노려본다
여태까지의 경제개념은 무너지고
애면글면 쫓던 신기루를 손아귀에 움켜쥔다
쥐락펴락 요술을 부리는 마음
빵빵하게 부푼 애드벌룬 등에 달고
초스피드로 날아오른다
떠다니는 동안
6일의 조증操症과
단 하루의 우울로 막을 내린다
벼락보다 더한
기적의 황금비례!

우리 집 개

현관문 들어서기가 무섭게
영감이 호통을 친다
"어딜 싸돌아다니다가 이제 오는 거야?"
"몸도 성치 않은 날 두고, 이래도 돼?"

종일 이불 덮고 웅크리고 누워 있었던지
한쪽 다리를 절며
부릅뜬 눈으로 노기충천,
성가신 것도 잠깐, 낮 동안 젊은 것들에게
쥐어뜯긴 게 아닌가, 머리, 배, 등, 다리를 살펴보니
불상사는 일어나지 않았다

특식을 준비하고
독상을 차려 영감을 불렀다
들은 척도 않는다
마음 틀어진 게 분명하다
소싯적엔
피그같이 통통한 몸으로도
펄펄 뛰어 다녔는데
80평생 지병을 앓느라 독한 약 바르고,

장복하기까지
갖가지 성인병은 다 얻은지라
추워 죽겠다, 배고프다, 목마르다고 찡찡찡,
좋아 죽겠다던 바나님(사월이)도 치워달라 끙끙끙,
이젠 늦게 들어온다고 성화를 부린다

"어이쿠, 우리 할아버지 심심했어? 많이 심심했겠구나!"
"찜질방만 안 갔어도 빨랑 올 수 있었는데 말이지!"
뭉툭한 꼬리를 겨우 살랑댄다

영감 수발이 별 거인가
늙으면 도로 애가 된다더니….

서울 종로

몸값 비싸게
나날이 독식을 꾀하고 있다
각진 숲의 꼭지들
벼린 날을 세워 둥근 하늘을 파먹고 있다
번식력은 또 얼마나 왕성하던지
한겨울에도 우후죽순 자라는
빌딩들, 바람의 길도 막아
더 이상 흔들림 없는,
입 다문 벽창호들의 군락지

하늘은 가끔
기하학적 문양을 하고 지상을 내려다본다
잘려나간 어깨, 일그러진 얼굴이
아프지 않느냐고

골목 안 어디쯤에서 잔기침소리 들린다
한쪽 가슴을 도려낸 뭉그러진 그늘
모로 눕는다

목욕탕

뽀오얀 김이 피어오르는 열탕 안
대단한 뉴 브랜드와 현란한 분장은
수용성이므로 간단하게 지워졌다

탕을 빠져나가기 전에
여인들은 밍그적거린다

타이티섬과 숲
고갱의 터치로 혹은
클림트의 화려한 붓질을
슬쩍 빌려본다.
꿈을 꾸듯
아련한 관능을,
수줍음 피어오르는
순정한 몸을,
눈빛을

북한산

–악천후

화르르 불꽃을 달고
허공이 용틀임을 한다
오래전에 뼈를 묻고 스러진 짐승들
떨치고 일어나 포효를 하고
오금이 펴지지 않아 빗대궁과 함께
고스란히 주질러 앉고 말았다
몇 해 전,
고해성사실 앞에서
마음이 먼저 꺾인 것처럼

천제단天祭壇*

어디쯤에서 잘려 나갔는지 모를 날개
모로 기울기만 하던 몸을
분신 같은 바람이 받쳐준다
빈둥대며 겉돌던 마른 버짐 같은 나날들
지금
산 허리에서, 풍장風葬을 지낸다
바람 속
조르바의 춤을 본다
그건
무게를 내려놓는
지난 生의 몸짓
바람은 이제
하늘을 향해 스스로를
공양 올리는데
난 무엇을?
하늘을 우러러
빈 손 대신
씻은 쌀 같은 마음이나
올려볼까

*강원도 태백산 정상에 있음(하늘에 제를 올리는 터)

보이스피싱

"여보세요…?"
"……."
쪽마늘 한 알 튀듯, 아들의 이름이 툭 불거져 떨어진다
일순, 눈앞이 개기월식을 한다
갈라진 발뒤꿈치 같은 목소리
욕지거릴 섞어 쏟아놓는 말, 대뜸 협박을 한다
18층 건물옥상 난간에 아이를 세워 두었단다. 아래를 향해,
혼미해져가는 의식을 확 찢고 곤두박질쳐 들어오는 단말마,
"엄마아, 살려 줘!"
이쪽은 안전지대, 저쪽은 사지死地
온몸을 옥죄는 세포들
뜨건 프라이팬 바닥 위를 마구 튀어 오른다
허공에 매달린 플래카드처럼
오살을 당하는 듯 사지四肢가 찢어진다
울 순 없다
자음과 모음이 덧니처럼 어그러지고
이빨들이 부르르 떤다
"이게 공갈을 쳐, 빨리 돈 처넣지 못해!"
"야! 이 새끼, 확 밀어버린다!"

원하는 아들 몸값은 일천만 원
폰뱅킹 1일 이체한도액에 못 미쳐
반 만 넣었다고, 5백만 원만 넣었다고,
친둥치듯 빌악을 해내는
그, 그, 목소리
전화는 끊기고…….

자금성에서*

천자天者의 역사가 축지를 쓰듯
불현듯 다가섰다가 사라지고
허공 위에
왕들의 소리 없는 아성이
떠억 버티고 있다

배추 속 고갱이처럼 궁 속에 또 궁,
명멸하는 시간 견고하게 틀어쥐고
영원永遠을 아로새긴다
황제의 길 옥로玉路 위로
종일토록
이국의 발걸음들
지축을 흔들고 지나간다
눌어붙어 있던 옛 영화의 황송함이
버르집힌다

시공時空을 넘어 흘러온
민초들의 눈물
여름 가뭄도 적시며
저 번쩍이는 금칠로, 인광으로 빛나고 있다

수만만, 그들의 옹골찬 뼈가 받치고 있다

*중국 베이징시에 있음(역대 왕들이 살던 궁)

이른 속을 깨우는 타종 소리

스무 살적부터…….

새벽녘에
커피를 마신다
세포 하나 하나에
불이 켜지고
썩은 동태눈깔 같은 정신머리
말갛게 물러난다

빈 속으로 내려가는
마중물 한 바가지
흐린 날의 어제를 따듯하게
안아 보고
내일 찍을 발자욱을
더듬다가
가만히
여백을 긷는다

3부

초여름 비

— 쓴 오이꼭지처럼 속 타는 오후

초여름 비

엔간한 빗물로는 좀처럼 씻겨나가지
않는 공장 주변
택도 없이 속 검어진
흐린 물만 겉돌고
대추는 익지도 않았는데
대추나무에 연줄 걸리듯
거시기 걸렸다고 야단들이다
간 밤 상서로운 꿈만 꾸어도
로또 한 장씩을 사는 사람들
그래서 품 나게 공장살림 알토란같이
일으켜 세워보고 싶은 사람들,
남편은 절대 뒤를 돌아보지 않는다
어떤 죄를 지은(?) 시지프스처럼
언덕을 기어오른다
다 왔어, 다 왔다니까, 조금만 더!
그래, 저기 저 언덕만 오르면 된다니까
쓴 오이꼭지처럼 속 타는 오후
빗방울이 굵어진다
스며들지 못하고
시멘트바닥 위에서 딸꾹질을 해대는
빗소리

칸나꽃

몇 해 전
온여름 들끓던 열기
흐드러지게 홍역을 앓더니
안팎이 활활
도돌이표를 달고
걸어온다
윗저고리에
붉은 행거칩을 꽂고

간신히, 석양 무렵

누가 불을 놓은 거야?

붉은 꽃심장
타오르네

어쩌지
콸콸 토해내는 저 핏빛
담수를

붉고 붉은 새 떼들
미지의 세계를 향해
다겁多劫의 마차를 타고 지나가네

병처럼
깊어진 황홀
하릴 없이
눈물 같은 강가를 배회하다가
그 강가 끄트머리 어디쯤에서
매번 뛰어 내리다가
미수未遂에 그치고 마는

초봄

겨울의 자궁 안에
핵核이 배란되어 있다

어미의 몸
나날이 달아오르고
조산早産의 기미가 보인다

터질듯 부푼 몇 밤을 지나
부윰하게 이슬 내비치는
산실

양수가 터지고
꽃살문처럼 환해지는
문 밖

통통하게 살 오른

굵은 눈송이 창가를 서성인다
실금 간 기억의 창틀을 꾸역꾸역 메우고
창밖의 풍경이 줌zoom으로 다가선다

백팔십 도의 적극적인 뜨거움으로
구시렁대는 세상, 한 번만이라도
튀기어 보자고
눈가루 덧입고 통통하게 살 오른,
맨살 홀딱 뒤집어져
꽃으로 피어나는 세상이다

어디로 튀었나

톡,
깎은 엄지손톱 끄트머리
어디로 튀었나 했더니
초사흘 고목 위
새초롬한 눈빛으로
냉큼 올라 걸려 있는
초승달

해바라기꽃

눈이 부셔 고개를 들 수가 없어요
누대를 미는 힘으로
맨발도 서슴지 않았어요
종일을 서성인 가슴이며
부르튼 발이 화끈거립니다
숯빛으로 녹아내립니다

곧 가을이어요
키는 한 치 더 높아지고
까치발을 치뜹니다
지금은 만삭이어요
당신의 아이를 여럿 가졌거든요
열, 스물, 서른도 넘는
…….

태동이 느껴지고
아이들을 오글오글 쏟아 놓는 날
비로소
벌집 같은 빈 속을
붉게 익은 포도주 빛 눈물로
넘치도록 채워주어요

진달래꽃

속보,
연일 터지는
산불 소식이다

놀란 가슴
쓸어 내리기도 전
이번엔
바람을 타고
꽃불이다

활활
다문 앙가슴 풀어 헤치고
달려오는 순정
전국 산야를
강타하고 있다는 소식

개나리꽃

노오란 깃털 날리며
지줄대는 새 새끼들
종일
바람이 미는 그네 위에서
딱딱 주둥이 열고
봄을 쪼는 녀석들
목젖이 보이도록
까르르 까르르,
배꼽이 빠진다

안개비

3월의 솜털을 젖히고 숨을 불어 넣는다
어디선가 성글은 바람 불러오고
너부러져있던 검은 봉다리
새처럼 하늘로 비상한다
보얗게 슬리는 안개비 위로
꽃잎 떠는 우울이 달작지근하게 물리고
마르지 않은 수채화
물감이 번진다

봉숭아 꽃물

그해 겨울
첫눈 내리는 날에도
손톱 위엔
초승달이
얼굴 붉히며 떠올랐지

낮달

자루 떨어져나간
달챙이 숟가락 하나

바람 한 술
뜨고 있다
반쯤 입을 벌리고

코스모스

하얀 낮달
벌레 먹힌 한 알
사과처럼
사추기 여자 희방을 내딛는다

잇속이 싱그러운
단발머리 소녀들
가랑비 같은 머리카락 땋아내리고
화안히 웃고 서 있다

얘들아,
아무렇게나 베어 먹어도
맛있었던
그때의 꿈을 아느냐?

먹구름 덮인 하늘

닫히는가 하면
열리는,
고인돌처럼 찍어 누르다가
굼실굼실 빛오라기 기어나와
쏟아지고

어둠을 헤집고 나와
빛을 만나는 거였는지
밝음을 열고
어둠 속으로 들어가는 중이었는지
야누스의 두 얼굴
수시로 클로즈업되고
빛과 어둠이 공존하는 곳
아프락싹스의 신화

알 수 없이 흔들리는
우주의 한 모서리쯤에 서서
질서 이전의
카오스를 만난다

담쟁이 넝쿨

그물 한 채
어기차게 엮어
동쪽인지 서쪽인지에서 당겨 온
바다
그래, 그랬겠지
은성한 그물코는 찢겨 나가고
촬촬촬, 자고 새면 도시 곳곳의
벼랑을 뛰어 내리는
폭포수

엄청난 폭음 터뜨리며
넘쳐나는 푸른 너울
여름 한나절이
흠뻑 젖는다

단풍나무

여름 내 지상에
어리디 어린 별
새파랗게 열리더니

홍시를 뭉그러뜨린 듯
서러워 아린 빛깔로
몸을 여는
저 사위

불다 만 누구의
부푼 꿈이런가

응축

풋풋한 카네이션과 프리지아가
시들어 간다
쪼글거리며 오그라든다
장아찌처럼

어떤 기억들을 최소화하려는
하루의 끄트머리
무른 추억의 재흔, 물기를 증발시키고
원형만을 고수한다

오래전
할머니의 젖무덤 위에서도
붉은 두 송이 꽃
시들어 갔지
아름다운
드라이플라워로

동네 호프집

약속한 사람은 아직 오지 않았다
한겨울 기온이 투명한 압축유리 한 장을 뚫지 못하고
서늘하게 미끄러진다
맞은편 건물 몇 동이 이쪽 호프집 안을 기웃거린다
고정핀을 꽂은 듯 낮은 건물들 정수리나 내려다본다
한 장의 바랜 기억 위로 겹쳐지는 데자뷰
색채 빠진 전광판들, 그물처럼 감긴 전선
엑스레이사진 상에 나타난 살 없는 구조물 같은
시간이 얼마쯤 흘렀다

하늘에서부터 엎질러진 어둠이 자꾸 허방을 딛을 때
여태까지 무채색을 띠던 것들이 먹물과 보색대비를 이룬다
지금 밖은
흐물대며 붉은, 초록, 너울들이 부활한다
흐르지 않고 고여서 출렁댄다
밤의 도시는 언제부터 액체로 차고 넘쳤는지
벌써 여러 잔의 생맥주를 비운 건 난데
발광체가, 지나가는 모든 사람들을 적시고 있다
먼 곳의 사람들까지 달려와 첨벙첨벙 빠지는 소리
어지럽다, 물멀미다

등나무

몸피 가는 네 속에
그리 큰 깊이와 너비가
살아 있었구나
한여름 뙤약볕 아래
네 그늘 한 폭 끌어 올려
손맛으로 죽죽 갈라서
보자기처럼 펼쳐주더니

제 그늘이 없는 사람을 위해
무성하게 쏟아지는
말씀의 비,
푸른 비,

무정설법無情說法 들으러
사람들
하나 두울 모이면
미혹을 사르는
연보라 꽃송이
등을 켜든다

4부

···

합장

— 제 안에 먼지 뒤집어쓰고 산다고

가을 담쟁이

삭힌
멍 위로
자줏빛 눈물
더러 어룽거린다

시월의 바람벽 높디높은 곳
덧난 상흔처럼
방울방울, 붉게 맺힌

뜨거웠던
그
몸

노을로 타다가, 타오르다가
육탈을,

색色의 뿌리는
해마다 공空을 익힌다

합장

화두話頭 하나 들고
삼매三昧에 드는 일
밥을 먹으나 걸음을 놓을 때나
잠을 자거나 꿈속에서나
성성해야 된다고,
어느 생애인지
놓여난 소[牛]를 찾아 가는 길
매였던 말뚝을 잡고 흔적을 따라 가는,
온 우주를 이 잡듯 뒤진다 해도
꼬리의 꼬리의, 털끝도 볼 수 없는,

누군가 은밀히 말하네
제 안에 먼지 뒤집어쓰고 산다고
그놈을 붙잡아 고삐를 틀어쥐는 순간
한 생각을 좇던 마음자리 오간 데
없어진다고, 불립문자不立文字 활짝 피어난다네
황벽의 몽둥이와 경봉의 악!
임제의 할!이 천둥치는 소리
너와 내가, 삼라가
둘이 아닌不二

바로
그 자리라 하네

향일암에서

깎아지른 듯한
벼랑 위
그 찰나,
공空으로 쌓인 겁劫
부처의 숨결로
피어 오르고

동백꽃
뜨겁게 정적을 미는 사이
나는 잠시
묵은 응혈을 쏟아낸다
충혈된 시간을 내려놓으며

2월 하순의 하늘
감겼던 시간의 태엽을 풀고 있구나
우러러
가지런히 손 모으면
비로소
몸과 마음 열리고

아, 그 행간을 트고
튀어 오르는 새소리
동백숲 흔들리고
허공 한 번 말갛게
헝클어지네

털재킷을 입었을 뿐인데

아득하게 걸어와
우린 다 무엇으로 만날까

아리게 깨물리는
야릇한 심사,

시린 시간 지치고 예 이르러
내 등허리 부근
온기를 안치는구나

주검 너머에
그리 따뜻한 발걸음 있었다니

먼날
누구의 가슴께로 가
뜨신 등짝 하나
온전히 대어줄 수 있을까

이름가죽 대신,
우린

세상을 털가죽처럼 둘러쓰고
입고 씹으며 살아 간다

겨울 허수아비

허공은 깊어져
싯푸른 아무르강으로
넘실댄다
그리움은 말갛게
자맥질을 시작하고
철새들은 언제였냐는 듯
간이역을 지나친다

목이 터져라 불러 보는
빈 들녘
저무는 매일,
지평선 너머
독한 고독을 끌어온다

바람이 주는 말

조상 대대로 걸어온 이 길
흘러야 사네
가두려 하지 말게

너에게
한 호흡 불어 넣으려면
나는
펄펄 살아 있어야 하네

선禪에 들은 적요를
한순간
뒤집어엎고
일어서야 하네

보리암

남해南海의 금산錦山에 오르면
태고적 숨결 겹겹이 능선을 넘어오고
곧 양수가 터질 듯 서운이
자우룩하네

관음의 태 안에
보리암 잉태 중
복중의 저 아가
중생의 자성 일깨우는 일
아득하여라

부처님 전에 선다
애초부터 정처라는 게 있을까,
오체투지로 몸을 사려보지만
티끌도 간절함도 아닌,
나는
누구인가?

바람이

땅바닥을 비질한다
뒹굴던 식은 세포들
쓸려 나가고
하늘을 쓸어내리면
꿈의 옆구리에 돋아날
흰 날개들 잔뜩 몰고 오지, 첫눈처럼
어룽거리는 눈물을 훔치고 가고
길을 재촉하고
쌀을 안치고
지은 밥 배불리 먹고
공복으로 낳은 새끼들
재우며, 키우며
무형無形의 힘
자거나, 아예
없는 세상,
그곳은
무덤이다!

이른 아침에

乙有年
한 해가
한강대교 난간을 붙잡고
뭉클뭉클 순산 중이다

태고의 산실을 헤집고
미끄덩 쏟아지는
순수의 희망,
태초의 빛
오천오백 도 달군 날개 달고
일제히 뛰어 내린다

정수리와 가슴에 불붙네
환장하게 뜨거운
은총 같은 사랑

불씨를 품어 안고
다시 사는
숯이 된다

4월

연둣빛 싱그러움이 보태지는
코앞에서도
가늘게 피어오르는
몇 올의
주책

목련꽃
뽀얗게 지는
반 평 남짓
그늘 속으로
게걸음 치는 마음
눈은 감고
외로움은
켜들고

몸통만 둥둥

지느러미 떼고 떠다닌 거야
소라껍질 뒤집어 쓴 집게처럼
우스꽝스럽게 뒤뚱거린,
와르르 하혈하는 시간
한낱 그 자리였던 것을

사계四季와 오계를 넘나들며
쓸개즙을 마셔대던,
그러고 보면 우리는
바다 한가운데였느니

섬

인파들
아침 저녁으로 물결이 되어
아무렇게나 기슭의 언저리 철벅철벅 닿기도 해서
물북소리 내주는데

꿈결처럼 아득하기만 해
그 많던 움직거림은 파문 짓고 엷게
스러진다

몽유병자처럼 떠돌았을 뿐
유예된 시간 당겨와
아무리 빗금을 가늘게 그어 젖혀도
꿈쩍 않는,

한 세기 걸쳐 자라난 종유석처럼
먼 날
1센티미터의 뿌리라도 내려서
발을 뻗을 수 있기를

어쩌자고

블리자드 지나간 도시처럼
먹먹한 가슴 언저리
통증이 빗금을 그어대면
잠 속을 배회하거나 유영하던
그리움
눌려 있던 의식을 떠들고
슬슬 번진다

누군가
두고 간 하늘
그 빈 하늘가에
거르지 않고
일기를 써둔 기억,
벌써 보냈노라고
여러 번 보냈노라고
아주 보냈노라고
…….

몇 짐의 거름이 되었는지
빼곡이 들어찬

虛無林

가끔
그 숲길 찾아
거닌다

흙의 반란

때때로
비바람 맞아가며 조는 듯 숨쉬며
따스한 햇살 등에 얹고
푹신한 살갗으로 숨쉬고 싶었을
그대
각질처럼 툭툭 떨어져나간
도로 표면
퍼렇게 질린 속살이 비죽비죽
울음보 터뜨린다
멍자욱 불거지고
눌렸던 혈관이 툭 터지니
상추 잎사귀처럼 풀풀 살아오른다
멀쩡할 리 없는,
곤달걀 같은 속으로
선잠 자고 있었던 것을,
포장된 콜타르 밑에서
오장은 썩어 갔고
떠 버린 속,
누구의 속처럼
황달이 들었다

K의 해빙기

뼛속까지 얼음 박힌
서걱이는 어둠을 걷으며
긴 터널을 웅숭그렸던

투명하게 갇힌
나이테
박제된 시간이
끌려 나올 줄이야

서로 속에서
뜨거운 피 돌기를
하고 있었네

녹아 흐르거라
여울져 흐르거라
삼-끈 같은 연緣
하나로
흐르거라

뜨개질을 하다

천칠백 개의 공안公案 중에
하나를 붙잡은 셈이다

응시의 우물 하나 파기 시작한다
어떤 망상 하나가 이탈을 꿈 꾼 것일까

손목에 힘이 풀린다

제 얼굴 찍어달린다고 아우성이다
코들이 쑥쑥 빠져나간 지 한참
퇴행을 감행한다,
얼굴을 허물며

줄사다리의 헐렁한 구멍 같은
이 빠진 시간들
골목 모퉁이마다 빠져 있을 코를,
기형적으로 내밀린 디스크의 잔해를,
기억으로 주울 뿐

너비와 길이를 가늠하지 못하고

한쪽으로 기운 무게를,
얼마나 많은 내일을,
가불해야 할지

찍어 달린다고 운다
여기 저기서

퍼즐 맞추기

리듬이 깨지기 시작한 때가 언제인지
갱년기 증상으론 석연치 않다
조각들은 원심분리를 고집하고
밑그림은 휑하다
치주염에 걸린 세포들
밤새 들떠 제자리를 맴돈다
탐욕의 날개를 달고 사라진
몇 조각의 행방,

자야지, 자야 해,
못 잘 이유가 없어!
어떤 똥고집이
수면을 조각내는지도 모를

밤이 속삭인다,
마음의 꺼풀을 살며시 감아 보라고

구름으로 살다

물로 태어날 몸
이번엔
낮은 길만 골라
아래로 아래로 내려서네

가끔은
희고 둥근 달이 제 몸을
풀기도 하고
낮 동안 고단하게 걸어온 밤이
소리 없이 쓰러진다

한 번쯤은
숙명으로 우네,
내면의 소리
이명처럼 듣네

J

네 어디에
멀고도 먼 지평이 열려 있었던 건지
네 어디에
물 머금은 수초가 살아
마른 것들을 적시고 있었는지
네 어디에
주변 거친 숨들을 다독여
제자리를 찾게 할 수 있었던 건지
네 어디에
오롯이 타오르는 불길
수평으로 누워 있었던 건지
네 어디에…….

너
알까 몰라
헐렁하게 꿰입은 옷처럼
웃음이 늘 그런 것을
네게 다다르면
모두는
무장을 풀고 마는

너
어디에도 닿지 않는
아픈 바람이며,
결 따라 파문 짓는
한 올 외로움이었음을

앵두

두 살배기 유기견이 집에 온 지 1년
해종일 배가 고프단다
배 터지도록 먹고 먹어서
밤새 배앓이를 해대도

눈 속엔 늘 가랑비 내리고
눈망울에 맺혀 미처 익지 못한 말들
툭 터진 머루알처럼 뭉글뭉글 물기 돌고
손끝에 닿을 듯 얼미치는 속마음
저 웅덩이를 어찌 메울까

처음
사랑을 놓친,
버림 받았다는
까맣게 여문 기억 하나,
허기의 주머니가 되어버린
몸

대형마트

습관처럼 들락거린다
입구, 출구에서 로봇처럼 마임을 하는 직원들
어서 오라고
그냥 들어가기만 하면 된다고

몸과 마음 쉴 틈 없어
바빠 죽겠다는 사람들
저마다 어딘가에 핵처럼 단단한
자폐의 공간을 숨겨 놓고
그처럼 유사한 공간을 들락인다

거긴
시간이 왜곡되어 있고
눈과 손 높이에 알맞게 수동적 필요를 제공한다
태아胎兒에게처럼

실존적 안정감을 취하느라
틈틈이
좀 더 화려한 자폐의 껍질 속을
드나드는 사람들

*김형경 책 속의, '자폐의 개념' 을 떠 올리며

아흔 할머니

일순 그녀의 눈과 마주쳤다
그림 같은 그녀의 얼굴에
엷은 그을음 일렁인다
오래전
자신이 열고야 말았던
판도라의 상자를
처음 본 내게 내민다

이순이 넘어서야 돌아온 식자 팔난봉 남편,
日政 때의 고달픈 살(生)이를,
조글조글 움직거리는 입가와
초점 없는 눈빛이
안개 알갱이 같은 시간을
불러 모은다

初秋의 뜨락에
소슬이 내려앉은
등빛 낙엽 한 장
이제
씻어낸 강물 같은 모습

갓 피어나는 예닐곱 순한 영혼으로
돌아와 있는 그녀
등잔 속 기름이
쫄고 있다, 거지반

힘을 뺀다는 것

몸에 힘 주면 가라앉는 것이 어디
물속 수영뿐일까
과잉으로 넘쳐나는 힘
뭉쳐질수록
욕심을 낼수록
괴력을 발산하다가
가라앉는

지나친 의식은
무의식 속에서 늘
고개를 들고 있어서
친친 감아 무너뜨리고 마는
거친 숨결

순한 낙하를 본다
바람의 숨결 느껴지지 않는
나무 아래로
가만가만 목숨을 내려놓는
노오란 은행잎
슬픔이 아니어도
눈물겨운

● 해설 ●

서정적 화두話頭가 빚어내는 상상력

문광영(문학평론가 · 경인교육대학교 교수)

세 번째 시집을 상재한다고 원고를 가져왔을 때 무척 궁금했다. 그건 6년 전쯤 김수지 시인이 굴포문학에 들어와 처음으로 내는 시집이었기 때문이다. 그러니까 나를 만나기 전 두 번의 시집을 냈던 것, 두 시집을 본 바가 없어 나로서는 어떤 숨결의 빛깔일지, 어떤 울림을 줄 것인가 등 설렘도 앞섰다. 그동안 나는 어쩌다 한두 편, 혹은 몇 편의 그의 시를 대할 때마다 시의 응축성과 통찰력에 대해 언급을 했던 것 같다.

김수지의 감성지수는 남다르다. '봉숭아 꽃물' 에 견줄 만큼 숨결은 찐하고 뜨겁다. 나아가 현실을 보는 감각도 치밀한 편이지만, 희로애락에 반응하는 마음의 촉수만은 드라이플라워처럼 매우 여리다. 재미있는 것은 이번 상재를 통해서 불교신자인지 선사禪師인지, 아니면 카돌릭신자인지 알 수 없는 정신적 깊이의 시혼들을 도처에서 발견할 수 있었다는 점이다. 특히 에코토피아적 서정성에다 화두적 상상력으로 텐션으로 빚어낸 질그릇 같은 시편들이 주목을 끌었다. 일부 시적 형상화의 완결성이 부족한 시편도 있었으나, 어디 내놓은 80편 모든 시가 좋을 수 있겠는가.

이제 김수지 시는 초기시를 벗어나 중기시로 넘어가는 단계에 와 있다. 보다 개성적 시인으로 성장하길 기원하는 마음에서 대략 네 가지를 관점으로 정리해 그의 시를 조망해 본다.

저녁 굶은 별들이 뒤란에 내려앉는 동심원적 회억

충청도 죽산 동어리 냇가에서 살던 예닐곱 살 계집애는 외로움은 몰랐다. 봄날, 앞산 메종다리 날아올라 허공을 쪼으고, 둥근 파꽃이 머리통을 키워갈 때면, 소녀는 언덕보다 먼저 올라온 아지랑이 속에서 끙게를 타고 들썩춤을 추었다. 아버지가 손수 만든 바퀴 없는 통나무 달구지인 끙게, 죽산 닷새장 쇠전에서 사온 중소가 엉치살이 오르면 소녀의 아버지는 딸에게 멋진 시승식을 베풀었던 셈이다.

달력을 넘기지 않아도

마당가에 털썩 내려앉는
봄
녀석의 꽁무니엔 계집애 둘 셋이 포개 앉아
매달려간다
지지미블라우스처럼

—「아버지와 소」 부분

아버지
샘가로 오신다
젖은 풀냄새 한 짐
꼴지게 속에서 꺼내온 개구리참외
한 소쿠리 씻겨지면 어느새
이마 훤한 달덩이가 따라오고
여기저기 하나 둘 저녁 굶은 별들이
뒤란에 내려앉는다

—「뒤란」 부분

자전적 이야기시는 독자들에게 흡인력과 흥미를 유발시킨다. 김수지의 시에서 자전적 에피소드로 구체성 있게 드러나는 시편은 사실 몇 개 되지 않는다. 행간에 숨어 있는 내용이 많아 독자의 경험이나 상상력의 발동이 요구된다는 것이다.

위의 시 「아버지와 소」에서 "지지미블라우스처럼 매달려간다"는 표현이 너무 익살스럽고 재미있다. 그리고 시 「뒤란」에서 "하나 둘 저녁 굶은 별들이 뒤란에 내려앉는다"는 신화적 이미지가 시골의 서정과 어울려 매우 신선하게 다가온다. 이 시의 초반부는 어머니가 어스름 저녁, 화덕 위의 소당에 "들지름을 두르고 누르미를 부치는" 모습에 이어 양은솥에 애호박을 볶아내고, 감자를 쪄내는 어머니의 모습이 장작 타는 소리와 함께 대비적으로 잘 묘사되어 있다.

이렇듯 유년 시절, 고향의 서정과 낭만적 회억들이 그를 시인의 길로 인도했으리라 본다. 그 가운데에서도 시정詩情의 원동력은 부정父情이었던 것 같다. "가득 고인 심연"을 다 퍼주는 고로쇠나무와 같은 아버지였으니 "갈대꽃 같은 아버지"(「고로쇠나무」)로서의 이미지로 남을 수밖에 없지 않은가. 부성애의 회억에서 빼놓을 수 없는 분이 그의 어머니이다. 시 「눈 시린 하늘을 이고」에서 어머니는 "알에서 부화한 제 새끼들에게 다 빨린 채 숨을 놓듯 구석구석 파먹힌 뚱뚱거미"와 "바람 불 때마다 빈혈을 앓는 나무"로 치환되어 애처로운 마음을 토로하고 있다.

어렸을 때의 동심원적 회억은 전 생애를 관통하는 법, 이제 지천명의 길에 들어선 나이인데도 그의 동심원의 숨결은 매우 발랄하다. 고향의 정취가 물씬 풍기는 동심적 상상력의 옷을 입고 드러나는 시편들은 「봉숭아꽃물」과 함께 「개나리꽃」, 「칸나꽃」, 「낮달」, 「어디로 튀었나」 등인데, 모두 직관적 인식의 단시短詩 형태로 묘사되면서 생명적 서정성과 단순성의 기발한 상상력을 보여준다.

바람이 미는 그네 위에서

딱딱 주둥이 열고
봄을 쪼는 녀석들
목젖이 보이도록
까르르 까르르,
배꼽이 빠진다

—「개나리꽃」 부분

도돌이표를 달고
걸어온다
윗저고리에
붉은 행거칩을 꽂고

—「칸나꽃」 부분

톡,
깎은 엄지손톱 끄틀
어디로 튀었나 했더니
초사흘 고목 위
새초롬한 눈빛으로
냉큼 올라 걸려 있는
초승달

—「어디로 튀었나」 전문

위 세 편의 시들은 모두 정적 소재이지만, 동적 이미저리로 처리되어 있으며, 각각 참신한 비유를 보여준다. 시 「개나리꽃」

에서는 봄날 개나리꽃의 모습을 봄을 쪼는 노랑 병아리의 목젓으로 치환하여 시각과 청각이미지로 생명성이 넘치고, 시 「칸나꽃」에서는 뾰족한 붉은 꽃이 행거칩으로 낯설게 드러나 긴장미를 높혀주고 있으며, 또한 시 「어디로 튀었나」에서는 엄지손톱을 초승달로 치환시켜 동심적 상상의 재치와 순발성을 보여준다.

이러한 고향 회귀의 부성애와 정감적 동심으로 이루어지는 시편들은 그야말로 아름답고 순박하고 따스한 일면을 보인다. 그렇게 유년시절을 보내고, 이제 지천명의 나이에 들어서서 보는 그의 삼십대와 사십대는 어떠했을까. 시 「위胃 속을 투시했다」에서 시인은 이렇게 표현한다.

푸른 배추통 같은 삼십대
숨이 팔팔한 솔기 헤집고
굵고 짠 번뇌의 알갱이를 척척 뿌려댔는데,
젊은 남편의 손에
고드름칼이 쥐어질 때마다
가계家計는 예리하게 바닥이 나고, 그렇게
사십 대 중반까지도 열을 올렸으니,

—「위胃 속을 투시했다」 부분

서른 즈음을 적시고 마흔을 흘러
지천명의 들창 안으로 들이치는 비
단내 진동하는 시간들

이 비 긋고 가면
찍찍 갈라지던 마른 가슴
다물 수 있을까

—「갈증」 부분

내시경으로 위 속을 투시한 경험을 쓴 것이나, 여기엔 그의 자화상 일부가 그려져 있다. 대부분의 서정시가 순간의 통일성과 독백적 산물인 것을 감안한다면, 하나의 진찰을 통해 그의 지나온 세월을 어느 정도 유추할 수 있게 된다. 위 시에서 보듯 생의 단맛과 쓴맛을 모두 거쳐 온 위胃 속처럼, 한 가정의 어머니로서 생애의 중반기는 그렇게 평탄한 것만은 아니었으리라. 「보이스피싱」과 같은 시에서 보듯 충격적인 일이나 생활의 고달픔과 갈증은 언제나 있는 것, 유한적 존재로서 인간이기 때문에 숙명처럼 받아들일 수밖에 없지 않은가. 그래서 장맛비와 함박눈의 소재를 즐겨 쓰는 연유는 그의 생애에서 빚어진 갈증과 고뇌를 푸는 하나의 열쇠가 아닌가도 생각된다.

매일 피곤함이 몰려올 때 그녀가 좋아한다던 에스프레소 진한 커피를 마시듯…. 그렇게 "일상의 가지끝에 눈시린 푸른 울음, 싱싱한 잎을"을 달고 싶었을 테고(「잊으려 하는」), 때로는 "헐거워진 생각 하나 들고 가파른 산벽을 올라 가슴을 열어주는 하늘"(「마니산을 오르다」)에 자신을 맡기고 싶었을 것이다.

영롱하게 명멸하는 생명적 화두話頭의 숨결

「합장」이란 시가 흡인력 있게 다가선다. 우러러 가지런히 손 모아 합장合掌을 하면 우주의 기가 손 안에 모인다. 견성성불見性成佛의 맨 처음 마음자리다. 인도나 불가에서는 이런 마음으로 합장을 해서 인사를 한다. 불타와 보살에 대한 예배의 방법으로 자신이 불타와 보살에 전념하고 있음을 나타낸다. 이렇게 합장하는 마음이면 시문詩文이 열리지 않겠는가?

합장에 대해 김수지는 소[牛]를 들어 이렇게 시적 화두를 던진다.

밥을 먹으나 걸음을 놓을 때나
잠을 자거나 꿈 놓여난 소[牛]를 찾아 가는 길
매였던 말뚝을 잡고 흔적을 따라 가는
〈중략〉
그놈을 붙잡아 고삐를 틀어쥐는 순간
한 생각을 쫓던 마음자리 오간데
없어진다고,

—「합장」 부분

인간의 본성을 찾아 깨달음에 이루는 과정을 소치는 목동에 비유해 그린 그림 '심우도'. 진리를 찾아 헤매는 우리네 삶이 결국엔 늘 손끝에 몰고 다니는 소처럼 가까이에(결국 제 안에) 있다는 깨달음을 전할 때 이용하는 예화다. 소를 몰고 논두렁으로 가 들풀을 먹인 경험은 나에게도 있다. 시인은 '합장' 이란 시제에 순진무구한 소를 끌어와 말뚝이며 고삐를 들먹이며 시상을 전개한다. 심우도를 모르는 사람이 보더라도 그 전개가 신기루를 좇는 느낌이리라. 실체가 거기 있어 가보았더니 허상이더라는 것. 그것이 시 「견고한 골체는 아름답다」에 이르면 실마리가 풀린다. 여기에서는 낯설게도 캄보디아 소가 등장한다. 곧 "캄보디아에서 본 방목한 소들처럼/견고한 골체는 아름답다"라는 명제적 모티브를 주고, 이어 시인은 "11월에 옷을 벗어던진 나무들"을 제시한다. 여기에서 견고한 골체(몸이 말라서)와 裸木은, 일상을 넘어 허상을 벗어던진 것의 상징성을 나타낸다. 그러면서 다음과 같이 이야기한다.

늑골 저 깊숙이에 다다르고서야
밤의 살 속에 박히어 영롱하게 명멸하는
별빛과 조우를 하지
너와 나는
불이不二
뫼비우스의 띠를 밟고
연질의 우주 안
그 원형 속으로 들어가
하나가 되네

―「견고한 골체는 아름답다」 부분

한 그루 나무에서 아니면, 소[牛]의 견고한 골체에서 아름다운 합장(합장)의 섭리를 배우란 말인가? 나아가 '불이不二' 의 철학에서 스스로 깨달으란 말인가. 나무와 소, 이들 존재는 여타의 대상과 다른 무언의 우직한 생명체들이다. 나무는 대지에 뿌리를 박고, 올곧게 시련을 겪으면서 하늘에 희망을 심고 살아간다. 또한 소[牛]라는 생명체는 평생 일을 하면서 고기와 가죽을 남기는 이타적 생명체이다. 어찌 보면 시인의 운명이라는 것도 이와 결코 다르지 않은 것이다.

김수지 시인의 종교적 취향이 이런 시를 만들었을까? 카톨릭 신자인 그녀는 종교의 경계를 자유자재로 넘나들며 자기 성찰에 몰두한다. 이런 화두와 참선의 시상은 「보리암」과 「가을 담쟁이」, 「뜨개질을 하다」, 「등나무」 등 그의 시 도처에서 발견된다.

부처님 전에 선다
애처부터 정처라는 게 있을까
오체투지로 몸을 사려보지만
티끌도 간절함도 아닌,
나는
누구인가?

—「보리암」 부분

보리암은 남해의 금산錦山에 있다. 화자는 보리암에서 자신을 찾고자 한다. 코발트빛 남해 바다의 섬들이 잔잔히 꿈틀거리면, 보리암 근처의 망부석들이 금방 바다로 굴러갈 듯한 금산, 이곳에 오르면 누구든 점점 작아지는 티끌 같은 자신을 들여다보게 된다. 이건 순전히 나의 관점이다. 그런데 시인은 보리암의 관음 부처를 통해 자아 존재의 인연을 찾아간다. 그리고 여수의 향일암 벼랑 바위에서는 동백꽃을 노래하면서 "공空으로 쌓인 겁劫/부처의 숨결로/피어 오르고"(「향일암」) 라는 시상을 전개한다. 불가에서의 '겁劫은' 겁파劫波'라고도 하는데, 시간의 단위로 가장 길고 무한한 시간을 일컫는다. 공무空無가 되는 몇 억만 년이나 되는 극대한 시간의 한세. 시인은 이러한 불교적 화두나 참선을 바탕으로 자신을 끊임없이 단련시키고 있다.

노을로 타다가, 타오르다가
육탈을,

색色의 뿌리는
해마다 공空을 익힌다

―「가을담쟁이」 부분

천칠백 개의 공안公案 중에
하나를 붙잡은 셈이다
응시의 우물 하나 파기 시작한다
어떤 망상 하나가 이탈을 꿈꾼 것일까

―「뜨개질을 하다」 부분

시 「가을 담쟁이」나 「뜨개질을 하다」로 넘어오다 보면 조금 쉬워진다. 이 두 편의 시 역시 시적 대상이 환기하는 불교적 통찰이 짙게 깔려 있다. 알다시피 담쟁이는 돌담이나 바위, 나무 줄기에 붙어 자라는 초록색 넝쿨식물이다. 이것이 가을이 되면 밝은 주황색으로 단풍이 들고, 겨울이 되면 앙상한 줄기만 남아 육탈골립의 상태가 된다. 말하자면 몸이 여위어 살이 다 빠지고 뼈만 남게 되는 것이다. 등신불처럼…. 이 광경을 시인은 '노을로 타올라 육탈을 하고, 색色의 뿌리가 해마다 공空을 익힌다' 는 불교적 깊이의 상상력으로 즉물적 치환을 시도한다. 다분히 불가적 명상의 '색즉시공 공즉시색' 색불이공 공불이색 '의 경지로 몰고가는 것이다.

「뜨개질을 하다」에서도 그러하다. 대개 뜨개질을 할 때는 씨줄과 날줄의 코를 집중 응시하면서 작업을 하게 된다. 시인에게 있어 씨줄과 날줄 사이를 들락거리는 코들의 움직임은 하나 하나의 공안公案을 들춰내는 일이다. 공안이라 함은 무엇인가. 바로 석가모니의 말과 행동이 아닌가. "기형적으로 내밀린 디스크의 잔해를 기억으로 주울 뿐, 너비와 길이를 가늠하지 못하고" 있는 사람들, 또 "얼마나 내일을 가불해야 할지" 예측하지 못하는 중생들을 위한 덕담이다. 화자는 뜨개질을 통하여 "응시의 우물을 하나 파기 시작"하면서 수행자의 길을 가고자 한다. 천칠백 개의 공안이 모두 뜨개질 속에 있다고 보는 것이다.

시인은 이러한 즉물적 사물을 통해 선禪적 화두話頭나 석가모니의 공안과 같은 가르침의 정신적 세계로 몰입하거나 탐닉을 시도한다. 그러하기 때문에 집중력을 갖고 그의 시를 들여다봐

야 한다. 화두라는 게 무엇인가. 아주 간결하고 역설적인 문구 내지 물음 형식이다. 그러나 이 속엔 천만 가지의 깨달음의 진리가 담긴 수행자들에게 참선의 결과물이요, 수행자의 역량을 검증하는 언사들이 아닌가. 사실 김수지의 시에서 이러한 화두 형식의 언어와 더불어 '공안公案'이라든가 '불이不二', '무정설법無情說法', '육탈肉脫'이니, '망상妄想'이니 하는 어휘가 빈번하게 드러나는 현상은 정진과 수행을 일삼는 선사禪師들의 정신적 태도와 다르지 않은 것이다. 그래서 일찍이 시선일치詩禪一致의 방식으로 많은 시가 창작되어 왔다. 문제는 기존의 관념시 시풍의 선시와 이미지시를 주창하는 현대시와의 변증법적 발전을 어떻게 조화시키느냐에 달려 있다. 이 문제 또한 김수지 시가 지닌 또 하나의 숙제가 아닌가.

양수가 터질 듯 서운이 자욱한 관능적 열락悅樂

김수지 시에서 자연이란 대상은 시적 영감의 발원지다. 자연의 질서와 변화, 자연이 주는 생명의 충만함, 자연 존재의 비밀 등 자연의 섭리와 경외심에 대한 그의 시선은 매우 적극적이다. 그래서일까. 자신의 그리움과 슬픔, 기쁨과 고독, 고뇌와 절망 등의 정서들은 온통자연 세계의 현상 내지 자기를 둘러싸고 있는 사물들의 주변에서 묻어난다. T.S.Eliot이 말했던 객관적상관물(objective corelative)을 적절히 이용하는 방식이다.

이러한 에코토피아적(친자연적) 교감의 시상 가운데, 하나의 특징은 모성성 지향의 관능적 열락悅樂의 이미지로 드러난다. 모성성의 이미지, 곧 잉태와 생산은 생명성과 풍요로움을 수반하는 것이다.

겨울의 자궁 안에
핵核이 배란되어 있다

어미의 몸
나날이 달아오르고
조산早産의 기미가 보인다

터질듯 부푼 몇 밤을 지나
부윰하게 이슬 내비치는
산실

양수가 터지고
꽃살문처럼 환해지는
문 밖

―「초봄」 전문

따뜻한 바람과 촉촉하게 물기 머금은 대지, 그리고 새순들이 터져 나오는 들녘, 초봄의 이미지가 완연하게 드러나고 있다. 여기에서 시인은 봄의 싱그럽고 생명적인 풍경을 임신녀로 치환하여 환기력을 마음껏 발휘한다. 모성 지향의 관능적 상상력이라고나 할까. 자궁 속에 잉태된 겨울이 봄을 맞이하여 탄생의 산실로 바뀌는 경이로운 초봄의 이미지가 얼마나 신선한가.

노자의 『도덕경』을 읽다보면 현빈玄牝이라는 아름다운 여자가 나온다. 계곡에서 죽지 않고 살고 있는 이 신묘한 여인을 곡신谷神이라고도 하는데, 이 여인의 아랫문은 현빈지문玄牝之門이라 하며 늘 양수를 흘려보내 만물을 길러 먹인다. 그래서 물의 여신으로 현빈은 노자의 도道 개념을 비유한 상선약수上善若水를 몸소 실천하는 주인공이기도 하다. 바로 시 「초봄」의 '어미'나 아래의 시 「해바라기꽃」의 여성 화자와 시 「이른 아침에」에서의 미끄덩 쏟아지는 아침 해의 묘사는 에로틱하면서도 노자가 말하는 현빈지문의 우주 질서와 상통하는 세계인 것이다.

이들 모성성의 육감적인, 혹은 에로틱한 이미지들은 모두 자연과의 교감, 곧 에코토피아적 상상력과 결부되어 있다. 그에게 있어 자연이 주는 모성성이란 새로운 탄생을 염원하거나 풍요로움과 희망과 같은 기원적 시점과 연결되어 있다.

곧 가을이어요
키는 한 치 더 높아지고
까치발을 치듭니다
지금은 만삭이어요
당신의 아이를 여럿 가졌거든요
열, 스물, 서른도 넘는
…….
태동이 느껴지고

아이들을 오글오글 쏟아 놓는 날

—「해바라기꽃」 부분

태고적 숨결 겹겹이 능선을 넘어오고
곡 양수가 터질 듯 서운이
자우룩하네

—「보리암」 부분

한 해가
한강대교 난간을 붙잡고
뭉클뭉클 순산 중이다

태고의 산실을 헤집고
미끄덩 쏟아지는
순수의 희망

—「이른 아침에」 부분

태동하는 해바라기의 열매나 떠오르는 아침의 태양이 주는 이미지는 그야말로 생산과 풍요, 생명적 희망을 드러내는 언사들이다. 자연물을 이렇게 풍요롭고 생명적으로 되새김질하는 그의 시심은 묘사적인 시편들에 고스란히 펼쳐 있다. 가령 그는 함박눈이 내리는 날도 이렇게 표현한다.

백팔십도의 적극적인 뜨거움으로
구시렁대는 세상, 한 번만이라도

튀기어 보자고
눈가루 덧입고 통통하게 살 오른
맨살 홀딱 뒤집어져
꽃으로 피어나는 세상이다

―「통통하게 살 오른」 부분

근육감각 내지 촉각적으로 함박눈을 놓고 보면 빙점 이하의 차가운 이미지가 다가오련만, 시인은 "뜨거운으로", 혹은 " 통통하게 살 오른"이라는 전도된 낯선 이미지로 받아들인다. 이런 경우는 시 「폭설」에서도 드러나는데, 곧 눈보라를 "수북이 쌓인 흰쌀밥"으로 치환시키면서 아프리카 오지의 배고픈 아이들을 위한 "뜨끈한 떡시루"가 되길 원하고 있다.

그래서 친자연적 대상으로서 바다와 산, 들풀, 꽃들과 같은 친자연적 이미저리는 결코 조용하지 않다. 늘 용암처럼 마그마 상태로 꿈틀거리거나 아니면, 폭포수의 밑바닥처럼 포말을 일으키고 소용돌이치는 공간으로 매우 역동적인 모습을 보여준다는 것이다. 그것들이 수평적 공간인가 싶다가도, 일순간 수직적으로 하강과 상승을 보여준다. 그래서 화자는 구름이 되어 "알 수 없이 흔들리는/우주의 한 모서리쯤에 서서 질서 이전의 카오스"(「먹구름 덮인 하늘」에서)라는 신화적 세계에 발을 내려놓는가 하면, 산 능선들이 되어 " 굵은 주름을 접었다 펴며 유영을" 하기도 하고, 대어大漁가 되어 "비늘을 털며 물굽이를 일으키고", 살 찐 갈매기가 되어 "밀물의 잔주름 쏠고"있기도 한다. 여기에서 그의 시가 지닌 시적 공간의 활발한 운동성이다. 해바라기의 씨알(당신의 아이를 열, 스물, 서른도 넘는)과 산실을 헤집고 나오는 태양, 통통하게 살 오른 눈송이 등 조금은 에로틱한 알몸의 이미지들은 자연 순응과 생명 예찬의 우주적 교감과 맞닿아 있다.

에코체인eco chain의 생명적 눈물이 유영을 하고

"양수가 터지고", "미끄덩 쏟아지는"이라든가, "유영을 하고", "물굽이를 일으키고", "밀물이 잔주름을 쏠고"하는 등은 모두 물의 이미지와 연관된 시적 변용태들이다. 이는 자연과 지구와 하늘의 '에코체인eco chain'적 삶으로 보려는 시인의 우주적 상상력 내지는 노자가 삶의 질서와 생명적인 것을 물에서 찾았던 삶의 원리와 상통한다.

김수지의 시편들에서 물과 관련된 이미지들이나 상징성과 결부될 때는 뜨거운 불이거나 아니면 따뜻한 대지, 혹은 경직된 문명과 대비되어 나타난다. 여기에 물의 결합은 그야말로 변증법적 운동을 보이는 질료로 작용하는데, 이를테면 이들 따스한 태양이거나 거친 땅, 혹은 바위 등의 상관물들은 물의 부드럽고 풍요로운, 혹은 촉촉한 이미지와 대비되면서 그의 정신의 깊이나 또는 심미적 정감을 상승시키는 역할을 하고 있다는 것이다.

붉은 두 송이 꽃

시들어갔지
아름다운 드라이플라워로

—「응축」 부분

지천명의 들창 안으로 들이치는 비
단내 진동하는 시간들
이 비 긋고 가면
쩍쩍 갈라지던 마른 가슴
다물 수 있을까

—「갈증」 부분

제 그늘이 없는 사람을 위해
무성하게 쏟아지는
말씀의 비
푸른 비

—「등나무」 부분

엑스레이사진 한 컷 찍힌다
물러난 잇몸 속의 젖니 같은 한숨이
눈물겹다

—「겨울 산」 부분

잘박하게 밥물을 붓듯,
갈피 갈피마다

네 울림을 안치고
아침을 짓는다

—「풍경소리」 부분

내일을 꿈꿀 수 있는
푸른 물 그렁그렁 고인다
남편과 나의 바닥에도

—「겨울 끝자락을 달린다」 부분

시 「응축」에서 축축한 물기서린 꽃이 등신불을 연상케 하는 드라이플라워로의 변신은 또다른 부활이자, 환생의 실체이다. 그리고 시 「갈증」에서는 물이 지닌 생명적 평상심을 살리고 있고, 「등나무」에서는 "말씀의 비"로 평정을, 「겨울 산」에서는 슬픔의 정서로 물의 이미지가 사용되고 있음을 볼 수 있다. 특히 「겨울 끝자락을 달린다」에서는 '푸른 물'로 상징성을 드러내고 있는데, '부부'를 지칭하는 '왕소금 버캐가 앉은 두 가슴'과 '봄'을 지칭하는 '청보리 싹의 해일'로 병치된 절망의 이미지가 "바닷물에 놓아주자", "살아남지 말라"는 죽음의 변화를 통하여 비로소 환생의 길로 나가고자 하는 물적 질료의 시인의 의지가 담겨 있다. 기독교로 말하면 부활의 길이요, 불가로 말하면 환생인 셈이다.

이 부활과 환생의 길로 나아가는 연결고리는 무엇인가. 그건 한 마디로 자연의 질서에 의지해서, 자연의 섭리가 보여주는 비움의 지혜를 터득해가는 물이 지닌 원초적 경지의 평상심이다. 물은 언제나 다투지 않고 자신을 낮추며 때가 되면 움직인다. 또 물은 만물을 부드럽게 하며 풍요롭게 생명체를 잉태시킨다. 거울처럼 맑기 때문에 만물을 정화시키고 거짓 없이 비춘다. 아무리 높은 산일지라도 물은 산을 품는다. 또 수많은 섬을 잉태하는 것도 물이다.

이렇듯 원형적 질료로서 물은 도가사상이나 불가에서만이 탄생과 부활 등 우주적 진리를 드러내는 코드로 작용한 것이 아니다. 무속의 정한수, 그리고 기독교나 천수교의 물세례는 생명적 환생과 속죄의 변환적 코드에서 늘 등장하는 기호로 작용해 왔다.

김수지의 시에서도 이러한 물의 이미지를 통한 정서 발현, 상징적 의미부여는 활발하다. 신의 영역을 넘볼 수 없는 인간 존재이기에 좌절과 절망은 우리의 주변을 늘 따라다니는 부적과 같은 것. 김수지도 욕망의 지평으로부터 점점 간극이 생기는 현실 인식을 주체할 수 없었을 것이고, 주어진 삶의 닻이란 미망에서 벗어날 수 없는 고뇌를 드러낼 수밖에 없었으리라. 한 마디로 그의 시편에 나타나는 에코체인적 물의 이미지나 물의 상징성은 김수지 시인의 정서에서 자주 드러나는 슬픔과 그리움, 고독이나 생명의 약동과 같은 정조나 주제들로 원숙하게 형상화시킨다는 점에 주목할 필요가 있다는 것이다.

시의 참맛은 비유와 함께 불가시적인 세계를 참신한 가시적 세계로 드러내는 데 있다. 그런 가운데 남다른 동양적 정신의 깊이로, 미적 감동을 생명적 상상력으로 형상화시킨 점에 주목

한다. 이런 점에서 김수지 시의 아우라aura가 남다르고, 그의 시의 존재 이유가 충분하다. 이런 노정을 헤쳐 더욱 개성을 살려서, 나아가 소원하는 경지에 다다르길 빈다. 봉숭아 꽃물을 만들 때 다질수록 선홍빛이 더욱 진해지듯 계속 정진하기를 기원한다.

문학의전당 · 신작시집
저녁 굶은 별들이 뒤란에 내려앉고

초판인쇄 2010년 7월 7일
초판발행 2010년 7월 14일

지 은 이 김수지
펴 낸 이 김충규
펴 낸 곳 문학의전당
출판등록 제387-2003-00048호(2003년 9월 8일)

주 소 121-718 서울특별시 마포구 공덕2동 404번지 풍림VIP빌딩 202호
전화번호 02-852-1977
팩시밀리 02-852-1978
블 로 그 http://blog.naver.com/mhjd2003
전자우편 mhjd2003@naver.com

I S B N 978-89-93481-57-0 03810